Business Stories | numéro **1**

SPOTIFY,
« MUSIC FOR EVERYONE »

— Quel avenir pour le géant
de la musique en streaming ?

par Charlotte Bouillot

50MINUTES

Avec la collaboration d'Anne-Christine Cadiat

SPOTIFY, « *MUSIC FOR EVERYONE* »

- **Créateur(s) ?** Daniel Ek (informaticien, né en 1983) et Martin Lorentzon (ingénieur industriel détenteur d'un MBA, né en 1969).
- **Date de création ?** Fondé en 2006, Spotify est en accès public depuis le 7 octobre 2008 (en Suède, Grande-Bretagne, France, Espagne, Finlande et Norvège).
- **Secteurs d'activité ?** Le divertissement, la musique et la vidéo.
- **Pays fondateur ?** Suède.
- **Zone de commercialisation ?** En 2015, l'entreprise est présente dans 58 pays, dont les États-Unis depuis 2011, l'Amérique latine et l'Asie depuis 2013.
- **Nombre d'utilisateurs ?** 60 millions d'utilisateurs actifs (fin 2014), dont 25 % d'utilisateurs payants.
- **Chiffre d'affaires annuel ?** 1 082 milliards d'euros de chiffre d'affaires en 2014, contre 747 millions en 2013, dont 91 % proviennent des abonnements payants et 9 % de la publicité.
- **Mots-clés ?**
  - <u>Freemium</u> : le mot, contraction de « *free* » et de « *premium* », aurait été employé pour la première fois en 2006 par Fred Wilson, investisseur et blogueur américain. Il permet de désigner une offre commerciale en partie gratuite et en libre accès, et en partie payante avec des services plus développés. L'offre gratuite est souvent financée par la publicité et permet d'attirer des utilisateurs pour ensuite les inciter à souscrire à l'offre payante.
  - <u>Premium</u> : l'offre premium est améliorée et plus riche que l'offre de base (freemium), et est de ce fait souvent plus chère. Sur Spotify, ce type de formule prévoit un accès illimité au répertoire musical, avec une qualité d'écoute supérieure, y compris hors connexion, et sans publicité.

- ◦ <u>Royalties</u> : les royalties sont une redevance qui doit être versée au créateur en échange du droit d'exploiter une œuvre, un brevet ou une marque. Elles répondent au droit patrimonial qui reconnaît à un auteur le monopole d'exploitation de son œuvre avant le passage de celle-ci dans le domaine public.

Perçu comme une véritable révolution, Spotify bouscule et crée la polémique dans le secteur de la musique. Alors qu'il fallait auparavant acheter un fichier musical pour l'écouter, la technologie du streaming permet désormais de lire le flux audio à mesure qu'il est diffusé. Il n'est donc plus nécessaire de télécharger le fichier et de payer les coûts associés, comme c'est actuellement le cas sur iTunes, le logiciel de lecture d'Apple.

Si le streaming musical a déjà conquis des millions d'abonnés payants en Europe et dans le monde depuis 2008, la révolution est à ses débuts sur le marché américain. Le volume de titres écoutés en ligne a ainsi progressé de 50 % entre 2013 et 2014 aux États-Unis, alors que sur la même période le téléchargement payant baissait de 13 %. Aujourd'hui encore, Spotify a une longueur d'avance sur ses concurrents, y compris sur Google, Apple ou Amazon, puisqu'il est actuellement le seul acteur historique du secteur à avoir réussi à s'implanter outre-Atlantique.

Seule ombre au tableau – et non des moindres – la colère des artistes qui s'insurgent au vu de la – trop maigre – part du gâteau qu'ils perçoivent. Selon le rapport publié en décembre 2013 par l'ADAMI, la société française de gestion des droits des artistes et musiciens interprètes, les œuvres créées génèrent via le streaming 22 fois plus qu'elles ne rapportent aux artistes !

À l'heure où l'industrie du disque déclare la guerre au streaming musical et où les concurrents sont de plus en plus nombreux et féroces, comment les créateurs de ce service, auquel souscrivent de plus en plus d'utilisateurs, envisagent-ils l'avenir de la consommation de la musique ?

PRÉMICES

LE *SELF-MADE MAN* ET LE MANAGER VISIONNAIRE

Daniel Ek est un programmeur suédois né en 1983 à Stockholm. Déjà chef d'entreprise à 14 ans, il encode et héberge des sites professionnels depuis sa chambre. Abandonnant ses études d'ingénieur à l'Institut royal de technologie de Suède en 2005, il se lance dans le marketing en ligne et fonde la société Advertigo. À l'âge de 16 ans déjà, il commence à se demander comment amener le public à payer pour du contenu musical qui peut être – illégalement – téléchargé gratuitement.

Martin Lorentzon voit le jour en 1969. Après son MBA à Göteborg, l'homme d'affaires suédois entame sa carrière au sein des comités de direction de grands groupes (Telia, Cell Ventures), avant de fonder en 1999 Tradedoubler qui deviendra la plus grosse régie d'affiliation européenne. Le principe de l'affiliation peut sembler évident aujourd'hui : un éditeur fait de la publicité sur son site Internet pour le produit/service d'un annonceur, en échange d'une rétribution. Mais, pour l'époque, Lorentzon est visionnaire, car la méthode vient seulement d'être lancée aux États-Unis par Amazon, et Google ne propose pas encore de la publicité ciblée !

En 2006, Daniel Ek revend Advertigo à Tradedoubler, et les deux hommes unissent leurs forces pour créer le plus gros juke-box en ligne : Spotify.

LA RÉVOLUTION NUMÉRIQUE

Le 11 novembre 2014, Daniel Ek s'exprimait sur le blog de Spotify pour rappeler l'origine du projet.

« Nous avons lancé Spotify, car nous aimons la musique et que le
piratage était en train de la tuer. » (La traduction est nôtre).

Depuis l'apparition de Napster – un service d'échange de fichiers
musicaux basé sur le *peer-to-peer* (P2P) grand public, ce qui
implique que chaque utilisateur agit également comme un serveur,
des données pouvant ainsi transiter directement d'un ordinateur
à un autre sans passer par un serveur central – en 1999, les ventes
d'albums et de singles ont considérablement chuté et l'avenir ne
s'annonce guère meilleur : - 23 % en volume et - 16 % en valeur,
visible partout dans le monde entre 1999 et 2003 selon l'IFPI,
l'organisme chargé du respect des droits d'auteur dans l'industrie
musicale.

Le logiciel *peer-to-peer* (P2P)

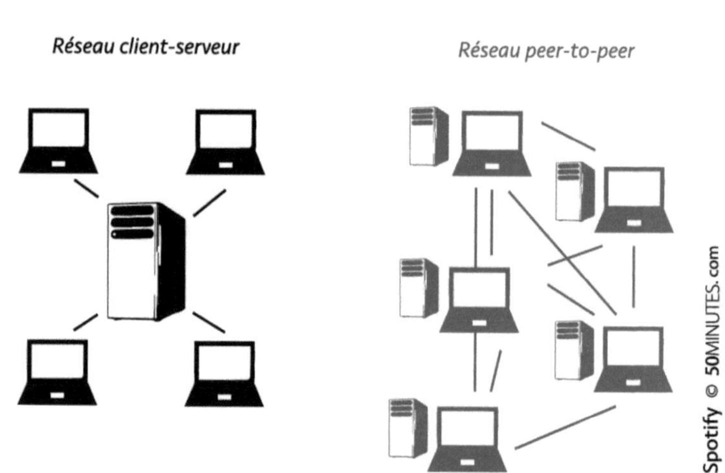

Ce type de fonctionnement sera repris par de nombreuses plate-
formes d'échange, dont Spotify.

« *MUSIC FOR EVERYONE* »

De la même manière que la radio avait déjà fortement bouleversé le marché du disque dans les années trente, les récents développements en matière de technologies numériques ont engendré de nouvelles pratiques de consommation.

Une offre pléthorique

Des répertoires infinis de fichiers musicaux sont désormais rendus accessibles à tous les internautes (30 millions de titres disponibles sur Spotify en 2015), sans qu'ils aient pour autant à revoir à la hausse leur budget. Ils peuvent ainsi zapper de manière frénétique d'un style à l'autre, d'un artiste à l'autre, et dénicher de nouveaux talents. Si les utilisateurs achètent moins de CD ou de fichiers téléchargeables, ils consomment pourtant beaucoup plus de musique.

La musique est partout

On accorde, actuellement, de plus en plus de place à la musique dans notre vie quotidienne. Depuis 2000 et l'adoption du MP3 comme format de compression des fichiers audio, la musique est dématérialisée et peut être diffusée sur tous les supports connectés ou non à Internet, partout et à tout moment. Devenue indispensable, la musique permet aux individus de se définir, tant au niveau de leur identité que de leur appartenance à certains groupes sociaux. Si le développement des technologies numériques a remis en question le prix que les consommateurs sont prêts à débourser pour de la musique, la valeur de celle-ci pour les auditeurs n'a pourtant jamais été aussi importante !

Une expérience musicale à partager

Avec la dématérialisation, ce n'est plus seulement le produit qui intéresse le consommateur, mais également l'expérience : découvrir une œuvre, l'écouter, la diffuser sur les réseaux sociaux, échanger avec les autres fans, rencontrer l'artiste et sa communauté lors des concerts et festivals qui connaissent, de leur côté, une hausse de fréquentation.

En proposant des diffusions de concerts en direct, des accès aux play-lists, des interviews et commentaires des stars, des écoutes d'albums en avant-première, des places de concerts à gagner, etc., Spotify rend la musique plus sociale que jamais, ce qui participe certainement à sa réussite colossale.

La plateforme est, par ailleurs, ultra connectée aux réseaux sociaux, et met à disposition des développeurs les outils nécessaires à l'intégration de son répertoire et de ses fonctionnalités dans de nouvelles applications, sur de nouveaux sites Internet, ou encore au sein de nouveaux logiciels. C'est le cas par exemple de *Roadtrip Mixtape*, une application qui crée via Spotify des playlists d'artistes locaux en fonction de votre itinéraire de voyage.

En bref, Spotify :

- envoie un message fort « pas besoin de réinventer la roue, Spotify l'a déjà fait pour vous ! » ;
- se fixe un objectif ambitieux, puisqu'il désire être au cœur des nouveaux développements et augmenter sans cesse leur communauté d'utilisateurs.

> « La raison même de notre existence est d'aider les fans à trouver de la musique, et d'aider les artistes à se connecter à leurs fans, à travers une plateforme qui les protège du piratage et les rémunère pour leur travail remarquable. » (Propos tenus par Daniel Ek sur le blog de Spotify le 11 novembre 2014, la traduction est nôtre).

DÉVELOPPEMENT

COMMENT SPOTIFY EST-IL FINANCÉ ?

Les premiers investisseurs

Le projet serait né de la volonté des deux entrepreneurs de travailler ensemble autour de leurs deux passions : la musique et la technologie. En combinant le fonctionnement des logiciels de *peer-to-peer* et un business model financé par la publicité, les deux hommes souhaitaient créer le plus gros juke-box en ligne. Le premier prototype s'inspirait de l'interface d'iTunes et présentait un fond noir élégant rappelant un téléviseur à écran plat.

Daniel Ek et Martin Lorentzon ont au départ dû investir leur fortune personnelle dans le projet : le premier, jeune informaticien, était devenu millionnaire à 23 ans grâce à un programme développé pour Tradedoubler, tandis que le second, Lorentzon, avait gagné 70 millions de dollars en introduisant en bourse Tradedoubler en 2005.

Alors que Daniel Ek pensait pouvoir obtenir les licences musicales en quelques mois, deux ans ont été nécessaires pour y parvenir. À l'époque, l'industrie musicale avait vraisemblablement du mal à se projeter dans ce nouveau modèle qui n'avait pas encore fait ses preuves, et les labels exigeaient des avances importantes pour l'utilisation de leurs catalogues. Malgré l'important capital qui avait été dédié à l'entreprise à ses débuts, les deux entrepreneurs ont rapidement dû réinjecter près de cinq millions supplémentaires.

Le projet n'a cependant pas tardé à attirer les investisseurs, dont certains grands noms du développement des réseaux sociaux : Sean Parker, cofondateur de Napster et ancien président de Facebook, et sa société d'investissement Founders Fund ; Li Ka-Shing, homme d'affaires de Hong Kong qui avait investi 60 millions de dollars dans Facebook en 2007 ; la société d'investissement russe Digital Sky Technologies, qui avait notamment déjà financé Facebook, Groupon, Twitter ou encore Airbnb.

Le business model du freemium

Spotify est un logiciel couplé à un site Internet qui permet d'écouter en direct de la musique grâce à un fonctionnement *peer-to-peer*. En pratique, les utilisateurs ont accès à deux services :

- le premier est limité et gratuit (financé par la publicité) ;
- le second est illimité et payant, c'est l'offre premium.

C'est donc le modèle du freemium, très répandu dans l'univers des jeux vidéo et des réseaux sociaux, qui a été choisi par les deux concepteurs du site pour lancer leur activité.

Le freemium

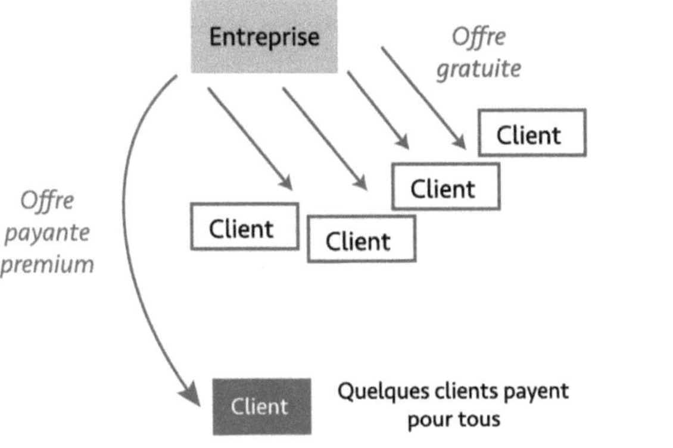

Selon Daniel Ek, c'est grâce à cette offre à deux vitesses que Spotify parvient à convertir les adeptes du téléchargement illégal et gratuit.

La meilleure plateforme de la planète

Les objectifs de Daniel Ek sont ambitieux : « On se concentre sur la création de la meilleure expérience pour les utilisateurs et ça commence en construisant la meilleure plateforme de la planète. » Pour y parvenir, la société développe les services qu'il propose de manière effrénée et intègre presque chaque mois de nouvelles fonctionnalités.

- **Octobre 2013 :** Spotify Connect améliore l'écoute de musique à domicile sur enceintes sans fil, directement pilotées via l'application mobile.
- **Décembre 2013 :** l'application Spotify TV est disponible sur les smart TV LG dans plus de 30 pays, et l'application mobile de Spotify peut être installée gratuitement sur tous les appareils mobiles iOS ou Android.
- **Mars 2014 :** avec le rachat de The Echo Nest, une plateforme musicale intelligente américaine qui analyse les comportements des auditeurs pour leur proposer d'autres titres, Spotify espère devenir le moteur de recherche musical de référence.
- **Mai 2014 :** djay, l'application de mixage la plus vendue au monde, est désormais connecté au catalogue Spotify, mettant ainsi à disposition des abonnés premium 20 millions de titres à mixer et des propositions de morceaux pour des enchaînements parfaits.
- **Novembre 2014 :** un partenariat est mis en place avec Uber, une société américaine qui développe des applications mobiles pour mettre en relation des utilisateurs et des conducteurs indépendants et

dont l'offre se substitue aux taxis. Grâce à leur partenariat, lorsqu'une personne choisit d'être véhiculée par la société de transport, il lui est possible de choisir la playlist qui sera diffusée durant le trajet.

- **Décembre 2014 :** Spotify décrypte pour ses utilisateurs les albums, morceaux, artistes et tendances les plus suivis dans le monde durant l'année écoulée, et leur propose un bilan musical personnel (style le plus écouté, artiste favori par saison, moments privilégiés d'écoute, etc.).
- **Février 2015 :** Musixmatch, le plus grand catalogue de paroles au monde, est intégré à l'application Spotify pour que les utilisateurs puissent chanter en écoutant leurs titres préférés.
- **Mars 2015 :** Spotify s'associe à Sony Computer Entertainment pour créer Playstation Music et permettre ainsi aux joueurs de créer eux-mêmes la bande-son de leurs jeux vidéo, d'accéder à des playlists spécialement conçues pour eux, ou d'écouter leurs albums préférés directement sur leur grand écran.
- **Mai 2015 :** Spotify prévoit son entrée sur le marché du streaming vidéo, un marché a priori plus rentable que celui de la musique. Selon le *Wall Street Journal*, le géant suédois désire négocier avec plusieurs fournisseurs de contenu pour proposer des séries et shows inédits.

LES DROITS D'AUTEUR

Une offre musicale gratuite et légale

En légalisant une offre musicale gratuite, Spotify crée auprès des utilisateurs un besoin de consommation de musique en quantité, partout et tout le temps. Cette soif de musique est, pour la plupart des auditeurs, tout simplement impossible à satisfaire au prix d'achat actuel des fichiers musicaux. Une fois ancrée dans les habitudes, elle détourne durablement les amateurs de musique des supports payants. C'est pourquoi Warner Music refuse catégoriquement d'intégrer son catalogue jusqu'en 2011, inquiète des conséquences à long terme de cette offre pour l'industrie du disque.

Pour parvenir à un accord avec les quatre majors (Sony Music, EMI, Universal Music et Warner Music) et lancer leur offre aux États-Unis, il aura fallu deux ans de discussions aux ambitieux entrepreneurs suédois. Ceux-ci ont d'ailleurs finalement dû consentir à d'importantes concessions sur les conditions de l'offre gratuite de Spotify. Désormais, sans abonnement payant, l'utilisateur ne peut écouter de la musique que durant 10 heures chaque mois, et chaque titre ne peut être écouté que cinq fois. Pascal Nègre, patron d'Universal Music France, s'est exprimé très clairement à ce sujet début 2011 :

> « Quand on voit des gens qui écoutent 35 fois la même chanson, vous vous dites qu'au bout d'un moment, le gars, il faut qu'il aille acheter le titre [...] Quatre écoutes, c'est suffisant pour savoir si on veut acheter un titre. » (Propos tenus lors d'une émission *Univox* sur RadioCampus, janvier 2011)

Ces restrictions de l'offre gratuite de Spotify ont finalement été levées un an plus tard, soit en 2012, dans la plupart des pays européens, et en juin 2013 en France. Comme Daniel Ek, Axel Dauchez, le PDG de Deezer, est convaincu que l'offre gratuite est la clé de « conversion [des internautes] au système payant », et refuse à ce titre les limitations d'écoute, idée qu'il juge « contre-productive ». (DAUCHEZ (Axel), « Musique : Esquisse d'une industrie culturelle "post-piratage" », in *Le Monde*, 2011.)

LE SAVIEZ-VOUS ?

Si l'offre gratuite est une vitrine incontournable pour les artistes, qui leur permet de toucher des auditeurs dans le monde entier, Spotify révèle en 2013 que 4 millions de titres – soit 20 % de son répertoire – n'ont jamais été écoutés. Même pour les artistes connus, l'argument « découverte » ne fonctionne que de manière mitigée, les auditeurs préférant souvent écouter un tube en boucle que s'intéresser à l'ensemble de la discographie des artistes. Certains groupes connaissent ainsi un taux de 80 % de perte des auditeurs entre la première et la dernière piste (PERELSTEIN (Laszlo), « Spotify : 4 millions de chansons n'ont jamais été écoutées », in *Slate*, 2013).

Partage de la valeur

Fin 2014, la star américaine Taylor Swift sort son cinquième album *1989* et refuse qu'il soit accessible sur Spotify, relançant ainsi le débat sur la rémunération des artistes. Celle qui a récemment été élue « femme la plus influente du monde » et « femme la mieux payée de l'industrie musicale » par le magazine *Fortune*, a tout simplement fait retirer toutes ses chansons de Spotify à la fin de l'année dernière estimant que la plateforme ne récompense pas assez les artistes-interprètes, à l'instar des rockeurs britanniques Thom Yorke (du groupe Radiohead) ou encore Nigel Godrich (du groupe Atoms for peace).

Face à ces attaques, Daniel Ek maintient sa position de départ : le streaming est une alternative au piratage peu coûteuse, et le volume d'abonnés payants en constante évolution permet à Spotify de reverser davantage de droits d'auteur que certaines radios, et que la plupart de ses concurrents. Ainsi, plus de 2 milliards de dollars auraient été payés à l'industrie du disque depuis la création du logiciel, soit 70 % des recettes générées par la société suédoise. Une manière un peu simpliste de clore le débat et qui soulève d'autres questions : combien rapporte le streaming et à qui profitent les royalties ?

Le droit d'auteur en France

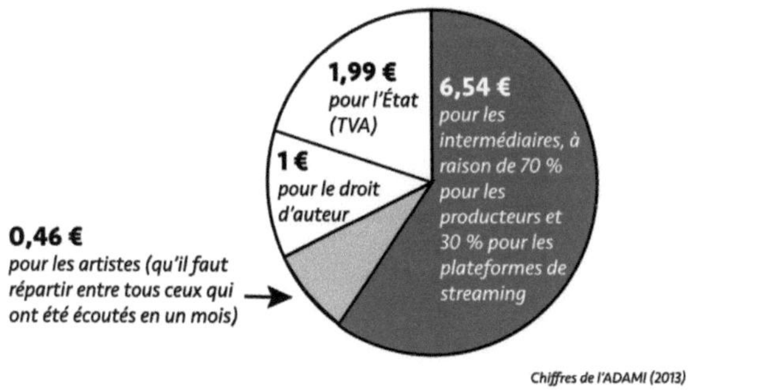

Chiffres de l'ADAMI (2013)

L'ADAMI, société française de gestion des droits des artistes et musiciens interprètes, a publié en décembre 2013 un rapport intitulé « Musique en ligne et partage de la valeur » qui met en lumière le partage inéquitable des recettes du streaming musical : sur les 9,99 € mensuels payés par les abonnés premium de Spotify, 6,54 € reviennent aux intermédiaires (4,58 € aux producteurs et 1,96 € à Spotify), 1,99 € à l'État (TVA), 1 € aux auteurs (compositeurs des morceaux), et 0,46 € aux artistes-interprètes (le titre écouté n'étant pas forcément écrit et chanté par la même personne).

Si on se base sur les chiffres de 2013 (4,7 milliards d'heures d'écoute pour 30 millions d'usagers abonnés ou non), un auditeur consommerait environ 260 titres d'une durée de 3 minutes par mois sur Spotify. Il n'est pas nécessaire de diviser le montant perçu par les artistes (1,46 €) en 260 parts pour comprendre combien le modèle fragilise les créateurs. Si le téléchargement payant a déjà fait chuter la rémunération des interprètes sur les ventes d'albums (0,43 € par album vendu en ligne, au lieu de 0,75 € pour une vente de disque), on assiste avec le streaming à une véritable dégringolade ! Or sans auteurs, compositeurs, et interprètes, Spotify n'existe plus. 130 organisations représentant plus de 500 000 artistes européens ont récemment uni leurs forces au sein du mouvement « *Fair Internet For Performers* », pour mener une campagne en faveur d'une juste rémunération des artistes sur Internet.

Part des artistes interprètes sur les ventes de disques

	Support physique	Téléchargement numérique
Albums vendus entre 1 et 50 000 exemplaires	6,40 %	5,10 %
Albums vendus entre 50 000 et 200 000 exemplaires	8,10 %	6,40 %
Albums vendus à plus de 200 000 exemplaires	9,70 %	7,70 %

Part moyenne des artistes interprètes sur les ventes/écoutes de single en ligne

Vente d'un MP3 sur iTunes France (1, 29 €)	Écoute en streaming gratuit	Écoute en streaming via un abonnement payant
0,04 €	0,0001 €	0,004 €

RÉPERCUSSIONS

VIABILITÉ DU BUSINESS MODEL

En 2015, Spotify représente 15 millions d'abonnés dans 58 pays, une présence sur le marché américain et un profil résolument orienté *social media* qui rendent la plateforme presque incontournable sur la Toile. Pourtant, au niveau des chiffres, le bilan est plus mitigé...

Bien que son chiffre d'affaires ait franchi la barre du milliard d'euros en 2014 (1 082 milliards d'euros précisément), cela correspond à une augmentation de 45 % seulement, contre 74 % en 2013 et 128 % en 2012. Son résultat qui était pour la première fois bénéficiaire en France (310 000 €) et en Grande-Bretagne (3 millions d'euros) en 2013, affiche globalement des pertes trois fois supérieures en 2014 : 162,3 millions d'euros contre 55,9 millions en 2013. On peut dès lors s'interroger sur les chances de rentabilité du modèle économique à long terme. Deezer, son concurrent historique, a de la même manière bénéficié d'une courte période de rentabilité en 2011 avant de retomber dans le rouge. Spotify reversant depuis ses débuts 70 % de ses revenus aux ayants droit (artistes et intermédiaires) au titre de royalties, l'entreprise augmentera difficilement ses marges, même avec des revenus plus importants. Autre pierre d'achoppement selon les analystes, la valorisation de l'entreprise, estimée à 4 milliards de dollars en 2014, devrait tenir à distance les opportunités de rachat par un groupe plus important.

2014 : LE MARCHÉ SE FRAGMENTE

Le monde du streaming musical s'est longtemps limité au géant Spotify et à la start-up française Deezer. Mais cela était vrai avant 2014, soit avant que la révolution ne s'étende outre-Atlantique,

que le téléchargement légal ne commence à s'essouffler, et qu'une multitude d'acteurs n'embarquent dans la course effrénée au monopole sur la musique à la demande.

Le marché se fragmente

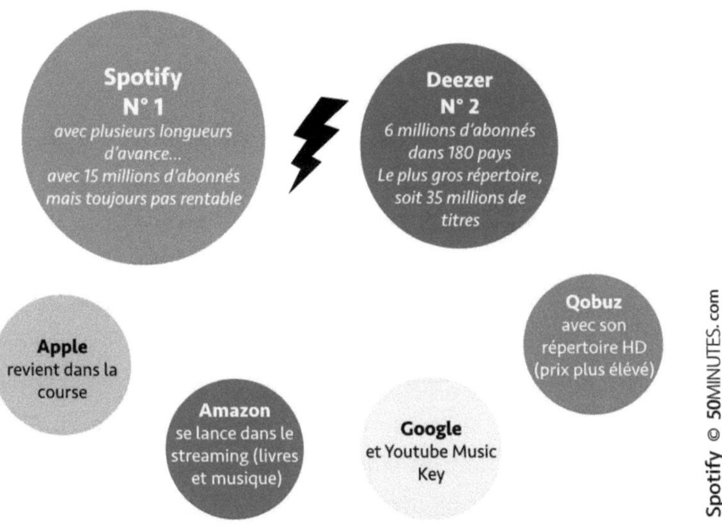

Des concurrents de taille qui passent en force

Tandis que l'empire d'Apple qui trouve ses fondations dans le téléchargement de musique (iPod, iTunes, etc.) connaissait un léger ralentissement sur le marché musical, l'entreprise revient dans la course par la grande porte. Le rachat de Beats by Dr Dre, une entreprise qui propose des casques audio et un service de streaming, lui a coûté plus de deux milliards d'euros. Même si le service ne sera certainement compatible qu'avec les produits de la marque, son intégration dans l'iTunes radio est très attendue. En proposant automatiquement son service de streaming sur les tablettes et smartphones de la marque, il pourrait ainsi le faire adopter spontanément par les utilisateurs, même ceux qui étaient déjà conquis par une autre plateforme d'écoute.

De son côté, le géant de la vente en ligne Amazon a annoncé en juin dernier l'ajout du streaming à son offre premium : les abonnés des États-Unis, de la Grande-Bretagne et de l'Allemagne ont désormais accès avec leur abonnement Amazon Prime à des ebooks gratuits, des films et séries en streaming, et à un million de morceaux de musique. L'objectif n'est visiblement pas de révolutionner le marché, mais d'attirer encore plus d'utilisateurs dans l'environnement Amazon pour vendre davantage.

Google, qui avait racheté le site YouTube en 2006 pour 1,65 milliard de dollars, déploie des moyens colossaux pour s'imposer. YouTube représente en 2015 plus d'un milliard d'utilisateurs uniques chaque mois, et 43 000 vidéos visionnées chaque seconde dans le monde. De plus, neuf des dix vidéos les plus vues sur le site sont des clips musicaux, faisant de ce support un incontournable de la diffusion de musique en ligne. En 2014, Google lance YouTube Music Key, le streaming musical qui propose en plus de la vidéo. En séparant les vidéos musicales des autres, le site peut mettre en place une offre freemium financée par la publicité, et une offre payante avec abonnement. Les labels n'ont dès lors pas vraiment le choix : soit ils restent sur la version payante du site en acceptant la maigre rémunération proposée (10 % en moins que la rémunération proposée par Spotify), soit ils voient leurs contenus supprimés du site, et ce même de la partie accessible gratuitement.

Rdio

Si Rdio, la société américaine de streaming fondée en 2010 par Janus Friis, l'un des créateurs de Skype, ne constituait jusqu'à présent pas une concurrence sérieuse pour Spotify ou Deezer en termes de volume d'abonnés, elle lance en mai 2015 une nouvelle offre Rdio Select à 4 dollars par mois et casse ainsi les prix du marché. L'offre est dans un premier temps uniquement disponible aux États-Unis, au Canada, en Australie, en Nouvelle-Zélande et en Inde. Elle constitue une alternative « petit budget » à l'abonnement illimité, puisqu'elle permet aux utilisateurs d'écouter la radio sans publicité, avec une présélection personnelle de 25 chansons jouées quotidiennement. Ces 25 titres sont également accessibles hors connexion, ainsi que de courtes playlists d'une dizaine de titres.

Tidal, l'outsider

« Nous voulons proposer un meilleur service à la fois pour les utilisateurs et pour les artistes », expliquait Jay-Z à la grand-messe de lancement de Tidal le 30 mars 2015. La plateforme que l'homme d'affaires a rachetée à la société suédoise Aspiro en début d'année pour 56 millions d'euros propose déjà 25 millions de titres musicaux, 75 000 vidéos et des articles de presse. Le projet se donne pour objectif de mettre fin à l'écoute de musique gratuite, et compte parmi ses membres fondateurs de nombreuses stars : Daft Punk, Madonna, Rihanna, Coldplay, Kanye West, Jack White, Taylor Swift, etc. Les abonnés peuvent, quant à eux, choisir entre deux offres :

- l'offre Tidal Premium à 9,99 $ (12,99 $ aux États-Unis depuis la fin du mois d'avril) qui propose une qualité sonore standard, des clips haute définition, 30 jours d'essai gratuit ;

- l'offre Tidal HiFi à 19,99 $ (25,99 $ aux États-Unis depuis la fin du mois d'avril) qui propose un répertoire haute définition avec une qualité sonore sans perte d'information.

Si la presse et les détracteurs du projet enterrent déjà l'initiative, il y a fort à parier que d'autres artistes mettront encore en place des actions groupées pour tenter de se réapproprier la gestion de leurs œuvres.

Le choix d'une niche – Qobuz

Qobuz, une petite entreprise française créée à la même époque que Deezer, propose une offre haute définition pour mélomanes exigeants : ainsi 18 millions de titres sont disponibles en qualité « CD » (compression sans perte) et 12 000 albums en qualité « studio master » ; un webzine musical propose en outre des interviews, des portraits, des écoutes comparées, des actualités musicales, etc.

L'avenir

Si Spotify ne génère toujours pas de bénéfice (162,3 millions d'euros de pertes en 2014), l'entreprise continue d'intéresser les investisseurs. Elle devrait très prochainement profiter d'une septième levée de fonds de 400 millions de dollars, de la part notamment de la banque d'investissement Goldman Sachs et d'un fonds souverain d'Abou Dabi. Selon les analystes, le streaming est perçu comme l'avenir de la diffusion musicale, et le numéro 1 du secteur aurait encore de beaux jours devant lui : son chiffre d'affaires continue d'augmenter, et une prochaine entrée en bourse serait à prévoir.

La société a par ailleurs annoncé en mai le lancement d'une nouvelle fonctionnalité sur sa plateforme : clips, vidéos de divertissement, radio, podcasts, programmes exclusifs fournis par plusieurs partenaires (notamment la BBC, Vice, ou encore MTV) sont désormais disponibles pour les utilisateurs des États-Unis, d'Allemagne, de Suède et de Grande-Bretagne, et le seront prochainement dans les autres pays.

Daniel Ek a expliqué, lors d'une conférence de presse à New York, que l'enjeu est d'offrir « un monde encore plus large de contenus et de divertissements avec un impressionnant mélange de musique, podcasts et vidéos qui [...] sont proposés tout au long de [la] journée [aux utilisateur]. Et ce n'est que le début ! » La personnalisation du service est également renforcée, avec entre autres la possibilité de régler le rythme de la musique à sa vitesse de course (pour les joggeurs), fonctionnalité imaginée par le DJ néerlandais Tiësto. En prenant le tournant de la vidéo et en diversifiant les contenus diffusés, à l'instar des gros acteurs du web, il y a fort à parier que l'entreprise suédoise tienne le cap dans la course effrénée aux abonnés qui est en train de se jouer. Dans cette hypothèse, les montants des royalties reversées aux artistes pourraient grimper, et simplifier ainsi les relations de la plateforme avec l'industrie du disque.

EN RÉSUMÉ

1895	Naissance de la radio
1962	Apparition de la cassette
1982	Émergence du CD
1983	Naissance d'Internet
1995	Naissance du MP3
1999	Création de Napser
2003	Lancement d'iTunes store
2005	Les débuts de Youtube
2006	Création de Spotify

- Depuis 1999, on assiste à un bouleversement des habitudes de consommation de la musique : elle est désormais dématérialisée. L'avènement du téléchargement en ligne (et du piratage) démontre que, si les auditeurs n'achètent plus de musique, ils n'en ont jamais autant consommé.
- Le streaming marque une deuxième étape importante de cette révolution numérique, en permettant de lire les fichiers en temps réel sans plus avoir à acheter les titres un par un.

- Spotify a été ouvert au public en 2008 et est rapidement devenu le numéro 1 du secteur. En 2015, la société compte 60 millions d'utilisateurs actifs, dont 25 % d'abonnés payants, et réalise un chiffre d'affaires de plus d'un milliard d'euros.

- Grâce au modèle du freemium, les entrepreneurs suédois espèrent détourner les auditeurs du téléchargement illégal, tout en créant un besoin de consommation frénétique de musique gratuite et payante.

- Malgré un chiffre d'affaires en constante augmentation, Spotify a triplé ses pertes en 2014 et n'est toujours pas rentable depuis sa création.

- Alors que le téléchargement payant est en nette baisse, et que la révolution du streaming musical démarre outre-Atlantique, le marché se fragmente : les acteurs se multiplient et les masto-dontes du marché (Google, Apple, Amazon entre autres) sortent l'artillerie lourde.

- Les artistes entrent également dans la bataille : leur rémunération avait déjà considérablement baissé avec le téléchargement payant, elle est aujourd'hui presque anecdotique au regard des volumes de musique écoutés. Leurs œuvres génèrent avec le streaming 22 fois plus qu'elles ne rapportent aux artistes interprètes.

- Le streaming musical fragilise aujourd'hui l'industrie du disque ainsi que ses créateurs, auteurs et interprètes. Or sans eux, Spotify n'existe plus. Même si la société suédoise et ses concurrents semblent aujourd'hui confiants dans leurs modèles économiques, le secteur devrait encore subir d'importantes mutations avant de parvenir à un nouvel équilibre.

POUR ALLER PLUS LOIN

SOURCES BIBLIOGRAPHIQUES

- ALEXANDER (Steve), « Daniel Ek », in *Encyclopædia Britannica*, juillet 2013, consulté le 12 mai 2015.
  http://www.britannica.com/EBchecked/topic/1883044/Daniel-Ek
- ARNAUD (Cécile), *L'Affaire Napster*, 2000, consulté le 12 mai 2015.
  http://barthes.ens.fr/scpo/Presentations00-01/Arnaud_Napster/Napster.htm
- BRUSTEIN (Joshua), « Spotify hits 10 million paid users. Now can it make money? », in *Bloomberg Business*, mai 2014, consulté le 12 mai 2015.
  http://www.bloomberg.com/bw/articles/2014-05-21/why-spotify-and-the-streaming-music-industry-cant-make-money#p1
- DAUCHEZ (Axel), « Musique : Esquisse d'une industrie culturelle "post-piratage" », in *Le Monde*, 2011, consulté le 12 mai 2015.
  http://www.lemonde.fr/idees/article/2011/03/07/musique-esquisse-d-une-industrie-culturelle-post-piratage_1488698_3232.html
- EK (Daniel), « $2 Billion and Counting », in *Spotify*, novembre 2014, consulté le 12 mai 2015.
  http://news.spotify.com/us/2014/11/11/2-billion-and-counting/
- EVENO (Anne), « Le streaming vidéo, nouveau terrain de jeu de Spotify », in *Le Monde*, 8 mai 2015, consulté le 19 mai 2015
  http://www.lemonde.fr/economie/article/2015/05/08/le-streaming-video-nouveau-terrain-de-jeu-de-spotify_4629994_3234.html
- GONCALVES (Julien), « Physique, téléchargement, streaming... Combien gagnent réellement les artistes ? », in *Charts in France*, janvier 2013, consulté le 19 mai 2015.
  http://www.chartsinfrance.net/actualite/news-84067.html#HoHj98J3JoxHCZTG.99

- HELM (Burt), « Inside Spotify's U.S. Invasion », in *Inc.*, juillet 2012, consulté le 12 mai 2015.
  http://www.inc.com/30under30/burt-helm/daniel-ek-founder-of-spotify.html
- « Information », in *Spotify*, mai 2015, consulté le 12 mai 2015.
  https://press.spotify.com/nl/information/
- LENOIR (Nikolas), « Nouvelle baisse des seuils de certification », in *Pure Charts*, juillet 2009, consulté le 12 mai 2015.
  http://www.chartsinfrance.net/actualite/news-68259.html
- LESNIAK (Isabelle), « Deezer, le "frenchie" qui énerve Apple, Google et Spotify », in *Les Échos*, mars 2014, consulté le 12 mai 2015.
  http://www.lesechos.fr/enjeux/business-stories/management/0203402250275-axel-dauchez-en-avant-lamusique-661753.php
- OEILLET (Audrey), « Spotify contre Taylor Swift : La rémunération des artistes en question ? », in *Clubic*, novembre 2014, consulté le 12 mai 2015.
  http://www.clubic.com/mag/culture/actualite-738671-spotify-taylor-swift-remuneration-artistesquestion.html
- PERELSTEIN (Laszlo), « Spotify : 4 millions de chansons n'ont jamais été écoutées », in *Slate*, 2013, consulté le 12 mai 2015.
  http://www.slate.fr/life/78902/spotify-ecoute-chansons
- PHÉLINE (Christian), « Musique en ligne et partage de la valeur. État des lieux, voies de négociation et rôles de la Loi », 19 décembre 2013.
  http://culturecommunication.gouv.fr/Politiques-ministerielles/Industries-culturelles/Actualites-Archives-2013/Remise-du-rapport-de-Christian-Pheline-Musique-en-ligne-et-partage-de-la-valeur-Etat-des-lieux-voies-de-negociation-et-roles-de-la-Loi
- PONTIROLI (Thomas), « Spotify, n° 1 mondial du streaming musical, est toujours en perte », in *Clubic*, novembre 2014, consulté le 12 mai 2015.
  http://pro.clubic.com/actualite-e-business/actualite-741399-spotify-resultats.html

- Poussielgue (Grégoire), « Musique : YouTube en guerre avec les labels indépendants », in *Les Échos*, mai 2014, consulté le 12 mai 2015.
  http://www.lesechos.fr/26/05/2014/LesEchos/21695-108-ECH_musique---youtube-en-guerre-avec-leslabels-independants.htm
- Roussel (Brian), « Le streaming confirme sa percée sur le marché américain », in *Les Échos*, juillet 2014, consulté le 12 mai 2015.
  http://www.lesechos.fr/04/07/2014/lesechos.fr/0203619229816_le-streaming-confirme-sa-percee-sur-le-marche-americain.htm
- Rozat (Pascal), « Deezer : la rentabilité au bout du chemin ? », in *InaGlobal*, 2011, consulté le 12 mai 2015.
  http://www.inaglobal.fr/musique/article/deezer-la-rentabilite-au-bout-du-chemin
- Sisario (Ben), « Rdio Introduces a Cheaper Limited Subscription for Music Streaming », in *The New York Times*, mai 2015, consulté le 20 mai 2015.
  http://www.nytimes.com/2015/05/15/business/media/rdio-introduces-a-cheaper-limited-subscription-for-music-streaming.html?_r=0
- « Spotify achète la plateforme musicale intelligente The Echo Nest », in *Challenges*, 2014, consulté le 12 mai 2015.
  http://www.challenges.fr/high-tech/20140306.CHA1275/spotify-achete-la-plateforme-musicale-intelligente-the-echo-nest.html
- « Spotify a triplé ses pertes en 2014 et lorgne la vidéo en streaming », in *Challenges*, mai 2015, consulté le 19 mai 2015.
  http://www.challenges.fr/entreprise/20150508.CHA5659/spotify-s-apprete-a-lancer-un-service-de-video-en-streaming.html
- « Spotify lance une nouvelle fonctionnalité proposant à ses utilisateurs de nouveaux contenus multimédia (podcasts, vidéos) en plus de la musique », in *Les Echos*, mai 2015, consulté le 20 mai 2015
  http://tempsreel.nouvelobs.com/en-direct/a-chaud/2354-streaming-spotify-lance-nouvelle-fonctionnalite.html

- « Spotify signe un accord de licence avec Universal Music »,
  in *Numerama*, 2011, consulté le 12 mai 2015.
  http://www.numerama.com/magazine/19053-spotify-signe-un-
  ccord-de-licence-avec-universal-music.html
- VAN DIEVORT (Charles), « Avec TIDAL, Jay-Z part en guerre contre
  la musique gratuite », in *La Libre Belgique*, mars 2015.
- VION-DURY (Philippe), « Apple, Google, Deezer, Spotify... qui triom-
  phera du streaming musical ? », in *L'OBS rue89*, juillet 2014,
  consulté le 12 mai 2015.
  http://rue89.nouvelobs.com/2014/07/27/apple-google-deezer-
  spotify-triomphera-streaming-musical-253941
- WOITIER (Chloé), « YouTube dévoile son service musical payant,
  Music Key », in *Le Figaro*, novembre 2014.
- ZANCHI (Jean-Sébastien), « La musique haute définition, qu'est-ce
  que c'est exactement ? », in *MetroNews*, janvier 2015.

SOURCES COMPLÉMENTAIRES

- Site de Spotify (FR).
  https://www.spotify.com/be-fr/
- Site de Tradedoubler (FR).
  http://www.tradedoubler.com/be-fr/
- Site de l'IFPI (EN).
  http://www.ifpi.org/
- Site de Qobuz (FR).
  Http://www.qobuz.com/fr

www.50minutes.com

Éditeur responsable : Lemaitre Publishing
Rue Lemaitre 6 | BE-5000 Namur
info@lemaitre-editions.com

ISBN ebook : 978-2-8062-6418-3
ISBN papier : 978-2-8062-6419-0
Dépôt légal : D/2015/12603/189
Photo de couverture : © Hortigüela

Conception numérique : Primento,
le partenaire numérique des éditeurs